Depuis 1906

ROQUEFORT
PAPILLON

Un siècle de passion

Le petit livre

ROQUEFORT PAPILLON®

Textes et photographies de ILONA CHOVANCOVA

MARABOUT

SOMMAIRE

KITS

KIT BOUCHÉES 4

KIT PURÉES 6

KIT SAUCES 8

ENTRÉES

SABLÉS ROQUEFORT AU QUATRE-ÉPICES 10

TARTINES PRUNEAUX, ROQUEFORT
& CONFITURE D'OIGNONS 12

GASPACHO MELON & MOUSSE DE ROQUEFORT 14

ŒUFS COCOTTE AUX GIROLLES 16

SOUPE À L'OIGNON 18

SOUPE POIREAUX & POMMES DE TERRE 20

VELOUTÉ DE CÉLERI RAVE 22

GRATINS

LASAGNES AU POTIMARRON 24

GRATIN DE POLENTA 26

GRATIN EXPRESS 28

FRITTATA À L'OIGNON ROUGE.................... 30

GRATIN DAUPHINOIS AU ROQUEFORT 32

PATATES DOUCES FARCIES 34

TARTES, SALADES & CIE

TARTE TATIN AUX ENDIVES ROUGES,
ROQUEFORT & NOIX 36

TARTELETTES CÉLERI RAVE, POIRE
& ROQUEFORT 38

CAKE POIRE ROQUEFORT 40

LÉGUMES RÔTIS 42

SALADE DE LENTILLES 44

SALADE HARICOTS VERTS & ŒUF POCHÉ ... 46

VIANDES & POISSONS

CORDONS BLEUS AU ROQUEFORT 48

ENTRECÔTE, SAUCE AU ROQUEFORT
& POMMES DE TERRE 50

CARPACCIO DE BŒUF.............................. 52

PAPILLOTES DE CABILLAUD 54

SUCRÉ-SALÉ

GALETTES DE SARRASIN, POMMES
CARAMÉLISÉES, MIEL & ROQUEFORT.............. 56

CHEESE-CAKE, MOUSSE POIRES
& ROQUEFORT 58

SALADE PASTÈQUE, ROQUEFORT
& CORIANDRE 60

TARTE FIGUES, MASCARPONE,
ROQUEFORT & MIEL................................. 62

KIT BOUCHÉES

TRUFFES AU FROMAGE FRAIS

150 g de fromage frais,
100 g de ROQUEFORT PAPILLON®

Écraser le roquefort à la fourchette puis
bien le mélanger avec le fromage frais.
Avec les mains mouillées, former des
petites boules et les rouler dans
la garniture de son choix. Les déposer
sur du papier sulfurisé.

TRUFFES AU MASCARPONE

100 g de mascarpone,
100 g de ROQUEFORT PAPILLON®

Écraser le roquefort à la fourchette
puis bien le mélanger avec le mascarpone.
Avec les mains mouillées, former des
petites boules et les rouler dans la garniture
de son choix. Les déposer sur du papier
sulfurisé.

IDÉES DE GARNITURE

- poudre de pistaches, de noisettes
  ou de noix
- poivre noir grossièrement concassé
- spéculoos finement mixés
- canneberges hachées finement
- chocolat noir à 70 %, fondu
- baies roses grossièrement concassées
- graines de sésame
- graines de pavot…

KIT PURÉES

POUR 4 PERSONNES

PURÉE DE LÉGUMES AU ROQUEFORT
½ kg de légumes au choix (pommes de terre, carottes, potimarron, céleri, patate douce, brocolis, etc.), ½ l de lait, 100 g de ROQUEFORT PAPILLON®, 20 g de beurre, 1 cuillerée à café de carvi, sel, poivre

Éplucher et couper les légumes en quatre. Les mettre dans une casserole, couvrir d'eau et ajouter le carvi. Porter à ébullition, saler et laisser cuire 20 minutes à couvert. Lorsque les légumes sont cuits, éliminer l'eau et les laisser se dessécher quelques minutes à feu doux. Les passer au presse-purée puis ajouter le beurre bien froid coupé en petits cubes et le roquefort émietté. Faire chauffer le lait et l'ajouter à la purée. Mélanger énergiquement. Assaisonner.

POLENTA AU ROQUEFORT
1 l d'eau, 175 g de semoule de maïs, 50 g de beurre, 100 g de ROQUEFORT PAPILLON®, sel, poivre

Porter 1 l d'eau salée à ébullition. Baissez le feu et verser la semoule en pluie en remuant sans cesse avec un fouet. Laisser cuire 15 minutes jusqu'à ce que la polenta épaississe mais reste assez liquide. Incorporer le beurre et le roquefort émietté. Assaisonner.

KIT SAUCES

SAUCE BÉCHAMEL
30 g de farine, 30 g de beurre, 50 cl de lait,
100 g de ROQUEFORT PAPILLON®, 1 pincée
de noix de muscade, 1 feuille de laurier, sel,
poivre

Faire fondre le beurre à feu doux puis
ajouter la farine. Laisser cuire à feu doux
3 à 4 minutes tout en mélangeant pour
former un roux. Lorsque le mélange se
colore, verser la moitié du lait froid en un
filet continu tout en remuant énergiquement.
Quand le mélange est lisse, verser le reste
du lait. Ajouter le laurier et laisser cuire
20 minutes en mélangeant. Retirer la feuille
de laurier et ajouter le fromage. Assaisonner
la sauce avec le sel, le poivre et la muscade.

BEURRE DE ROQUEFORT
100 g de beurre à température ambiante,
100 g de ROQUEFORT PAPILLON®

Dans un bol, bien mélanger le beurre avec
le roquefort émietté. Rouler en boudin dans
du film alimentaire. Réserver au réfrigérateur
et laisser durcir.

MOUSSE AU ROQUEFORT
20 cl de crème liquide (30 % de MG),
30 g de ROQUEFORT PAPILLON®

Faire chauffer la crème liquide et y faire
fondre les morceaux de roquefort. Laisser
refroidir puis à l'aide d'un batteur électrique,
battre en mousse assez ferme.

SAUCE ROQUEFORT
10 cl de crème liquide (30 % de MG),
50 g de ROQUEFORT PAPILLON®

Faire chauffer la crème liquide et y faire
fondre les morceaux de roquefort.
Bien mélanger.

SABLÉS ROQUEFORT AU QUATRE-ÉPICES

10 MIN DE PRÉPARATION – 1 H DE REPOS – 15 MIN DE CUISSON

POUR 25 SABLÉS

150 g de ROQUEFORT PAPILLON®

150 g de farine

80 g de beurre

½ cuillerée à café de quatre-épices

1- Préchauffer le four à 160 °C.

2- Dans un bol, mélanger du bout des doigts tous les ingrédients pour former un boudin. Le filmer et le réserver 1 heure au réfrigérateur.

3- Découper le boudin en rondelles de 1 cm d'épaisseur. Poser les biscuits sur la plaque du four garnie préalablement de papier sulfurisé. Enfourner et laisser cuire 15 minutes. Laisser refroidir les sablés sur la plaque avant de servir.

TARTINES PRUNEAUX, ROQUEFORT
& CONFITURE D'OIGNONS

10 MIN DE PRÉPARATION – 10 À 15 MIN DE CUISSON

POUR 4 PERSONNES

4 belles tranches de pain
de seigle aux noix
ou aux raisins

ROQUEFORT PAPILLON®

TARTINES À LA CONFITURE
D'OIGNONS

500 g d'oignons émincés
finement

20 g de beurre

20 cl de vin rouge

5 cl de vinaigre
balsamique

75 g de cassonade

1 feuille de laurier

1 cuillerée à café de sel

poivre

TARTINES AUX PRUNEAUX

10 pruneaux d'Agen
dénoyautés

50 g de cerneaux de noix

1 - Préchauffer le four à 180 °C.
2 - Émincer les oignons.
3 - Dans une sauteuse, faire fondre le beurre et ajouter
les oignons et le sel. Faire cuire à feu doux pendant 15 minutes
en mélangeant de temps en temps. Lorsque les oignons
sont cuits, les arroser de vin rouge et de vinaigre balsamique.
Ajouter la feuille de laurier et le sucre, mélanger et poursuivre
la cuisson jusqu'à ce que le liquide s'évapore complètement.
À la fin, les oignons doivent avoir la consistance d'une
confiture. Poivrer. Verser le confit d'oignons dans des bocaux
propres et les conserver au frais.
4 - Mixer les pruneaux puis ajouter les cerneaux de noix
et mixer de nouveau.
5 - Tartiner la moitié des tranches de pain de confit d'oignons
et l'autre moitié de pâte de pruneaux. Recouvrir les tartines
de roquefort émietté.
6 - Les déposer sur la plaque du four garnie de papier sulfurisé
puis enfourner et laisser cuire pendant 15 minutes. Servir
avec une salade ou en apéritif, coupées en petits morceaux.

GASPACHO MELON & MOUSSE DE ROQUEFORT

10 MIN DE PRÉPARATION – 3 H DE REPOS

POUR 4 PERSONNES

2 melons

2 cuillerées à café
de vinaigre balsamique

1 pincée de sel

poivre

20 cl de crème liquide
(30 % de MG)

30 g de ROQUEFORT
PAPILLON®

1- Couper les melons en deux et retirer tous les pépins.
Couper la chair en petits morceaux.

2- Mixer les melons avec le vinaigre balsamique et le sel,
puis réserver au réfrigérateur.

3- Faire chauffer la crème liquide et y faire fondre les morceaux
de roquefort. Laisser refroidir et verser dans un siphon.
Réserver 3 heures au réfrigérateur.

4- Verser le gaspacho de melon dans 4 verres puis déposer
un peu de mousse de roquefort. Poivrer. Servir aussitôt.

ŒUFS COCOTTE AUX GIROLLES

15 MIN DE PRÉPARATION – 15 MIN DE CUISSON

POUR 4 PERSONNES

100 g de girolles

1 petite échalote

quelques feuilles
de persil plat

10 g de beurre
(pour les girolles)

10 cl de crème liquide

100 g de ROQUEFORT
PAPILLON®

4 œufs extra-frais

+ 1 morceau de beurre
pour graisser les
ramequins

sel, poivre

1- Nettoyer les girolles et les couper en morceaux.

2- Éplucher et émincer finement l'échalote.

3- Hacher finement le persil plat.

4- Dans une poêle, faire fondre une noisette de beurre,
y ajouter les girolles et faire revenir à feu vif pendant 5 minutes.
Hors du feu, ajouter le persil et mélanger.

5- Préchauffer le four à 200 °C.

6- Beurrer légèrement 4 ramequins. Y répartir les girolles
poêlées.

7- Mélanger la crème liquide et le roquefort émietté, puis verser
sur les girolles. Poivrer. Casser un œuf dans chaque ramequin
en veillant à ne pas abîmer le jaune.

8- Disposer les ramequins dans un plat et remplir d'eau
bouillante à mi-hauteur. Enfourner et laisser cuire 6 à 8 minutes
environ : il faut que le blanc soit cuit mais que le jaune reste
liquide. Bien surveiller la cuisson car le temps peut varier selon
les fours ou le calibre des œufs.

9- Servir immédiatement avec du pain grillé et une petite salade
en mélangeant par exemple des pousses d'épinard,
de roquette, d'endive, de persil plat ou de coriandre, le tout
arrosé d'un filet d'huile d'olive et du jus de ½ citron vert.

SOUPE À L'OIGNON

10 MIN DE PRÉPARATION – 45 MIN DE CUISSON

POUR 4 PERSONNES

LA SOUPE À L'OIGNON

500 g d'oignons doux
émincés finement

50 g de beurre

15 g de farine

1 l d'eau ou de bouillon
de volaille

1 feuille de laurier

1 branche de thym
(facultatif)

sel, poivre

LES CROÛTONS

1 demi-baguette coupée
en petits dés

100 g de ROQUEFORT
PAPILLON®

huile d'olive

1- Préchauffer le four à 200 °C.

2- Émincer finement les oignons.

3- Dans une grande casserole, faire fondre le beurre puis ajouter les oignons et saler. Laisser compoter à feu doux pendant 20 minutes à couvert. Mélanger de temps en temps. Ajouter la farine et bien mélanger. Mouiller avec l'eau ou le bouillon puis ajouter la feuille de laurier et le thym et poursuivre la cuisson à découvert pendant encore 15 minutes.

4- Pendant ce temps, préparer les croûtons. Couper la demi-baguette en petits dés.

5- Les mettre sur la plaque du four garnie de papier sulfurisé. Les arroser d'huile d'olive.

6- Enfourner et laisser cuire 5 minutes puis ajouter le roquefort émietté. Avec les mains, essayer de bien faire adhérer le roquefort aux croûtons.

7- Enfourner de nouveau et laisser cuire 5 à 8 minutes jusqu'à ce que le roquefort commence à fondre.

8- Au moment de servir la soupe, rectifier l'assaisonnement et retirer la feuille de laurier et le thym. Présenter les croûtons à part afin que chaque personne puisse se servir individuellement.

SOUPE POIREAUX & POMMES DE TERRE

10 MIN DE PRÉPARATION – 25 MIN DE CUISSON

POUR 4 PERSONNES

2 poireaux

20 g de beurre

3 grosses pommes
de terre

0,75 l d'eau ou
de bouillon de volaille

100 g de ROQUEFORT
PAPILLON®

1 pincée de noix
de muscade

1 cuillerée à café de carvi

20 cl de crème liquide

sel, poivre

1- Couper les poireaux en rondelles et les laver soigneusement.
2- Dans une casserole, faire chauffer le beurre puis ajouter
les poireaux. Les faire suer sans les faire colorer.
3- Pendant ce temps, laver puis éplucher les pommes de terre
et les couper en petits dés.
4- Ajouter les pommes de terre dans la casserole avec les
poireaux, couvrir de bouillon de volaille ou d'eau et laisser cuire
20 à 25 minutes jusqu'à ce que les pommes de terre soient
complètement cuites.
5- Hors du feu, ajouter le roquefort, la noix de muscade,
le carvi, la crème et, à l'aide d'un mixeur plongeant, mixer
le tout. Saler et poivrer. Servir aussitôt.

VELOUTÉ DE CÉLERI RAVE

10 MIN DE PRÉPARATION – 25 MIN DE CUISSON

POUR 4 PERSONNES

800 g de céleri rave

20 g de beurre

100 g de ROQUEFORT
PAPILLON®

25 cl de crème liquide

sel, poivre

1- Éplucher le céleri rave et le couper en cubes.
2- Dans une grande casserole, faire fondre le beurre et y faire revenir le céleri pendant 4 à 5 minutes. Couvrir à hauteur d'eau et laisser cuire à couvert pendant 20 à 25 minutes. Lorsque le céleri est bien fondant, ajouter le roquefort émietté et à l'aide d'un mixeur plongeant, mixer le tout.
3- Ajouter la crème liquide, saler, poivrer et remettre à chauffer à feu doux pendant 2 à 3 minutes. Servir avec des croûtons.

LASAGNES AU POTIMARRON

15 MIN DE PRÉPARATION – 30 À 40 MIN DE CUISSON

POUR 6 PERSONNES

LES LASAGNES

250 g de lasagnes fraîches

200 g de ROQUEFORT PAPILLON®

1 boule de mozzarella

1 pincée de noix de muscade

poivre

huile d'olive

LA SAUCE

700 g de potimarron

2 échalotes

2 gousses d'ail

2 cuillerées à soupe d'huile d'olive

400 g de tomates pelées

½ cuillerée à café de cumin moulu

2 feuilles de sauge

sel, poivre

1- Pour la sauce, couper le potimarron en morceaux sans nécessairement retirer la peau.

2- Éplucher et émincer les échalotes. Éplucher et émincer les gousses d'ail.

3- Dans une casserole, faire chauffer l'huile puis y faire revenir les échalotes et l'ail. Ajouter les morceaux de potimarron et les feuilles de sauge. Saler et laisser mijoter à feu vif 4 minutes en mélangeant.

4- Ajouter les tomates pelées, couvrir et laisser cuire à feu doux 20 minutes. À la fin, incorporer le cumin et rectifier l'assaisonnement.

5- Mélanger la ricotta avec le roquefort émietté, ajouter la noix de muscade et poivrer.

6- Préchauffer le four à 180 °C.

7- Dans un plat à gratin, déposer une fine couche de sauce au potimarron. Couvrir avec les lasagnes fraîches en les juxtaposant. Arroser d'huile d'olive. Recouvrir avec la moitié de la sauce au potimarron puis verser par-dessus un tiers du mélange ricotta-roquefort. Répéter l'opération encore une fois. Terminer par une couche de lasagnes fraîches et le reste de mélange ricotta-roquefort. Disposer par-dessus la mozzarella coupée en morceaux. Enfourner et laisser cuire 35 à 40 minutes.

GRATIN DE POLENTA

15 MIN DE PRÉPARATION – 55 MIN DE CUISSON

POUR 4 PERSONNES

POUR LA POLENTA

250 g de polenta

1 cuillerée à café de sel

2 cuillerées à soupe
d'huile d'olive

1 pincée de noix
de muscade

POUR LA SAUCE

400 g de tomates
concassées

100 g de ROQUEFORT
PAPILLON®

50 g de gruyère râpé

50 g de pignons de pin

1 boule de mozzarella

1- Faire bouillir 75 cl d'eau avec le sel et l'huile d'olive. Verser la polenta en pluie et faire cuire à feu doux 15 minutes sans cesser de remuer. Lorsque la polenta a bien épaissi, retirer du feu, ajouter la noix de muscade et mélanger le tout.

2- Verser la préparation dans un plat à gratin huilé en une couche de 2 à 3 cm d'épaisseur. Préchauffer le four à 190 °C.

3- Étaler la moitié des tomates sur la polenta, émietter le roquefort dessus et parsemer de gruyère râpé. Verser le reste des tomates. Parsemer de pignons de pin et répartir les morceaux de mozzarella par-dessus. Enfourner et laisser cuire 40 minutes.

GRATIN EXPRESS

10 MIN DE PRÉPARATION – 25 MIN DE CUISSON

POUR 4 PERSONNES

200 g de pain rassis

4 tomates ou 200 g
de tomates cerises

2 gousses d'ail

100 g de ROQUEFORT
PAPILLON®

1 petit bouquet
de persil plat

3 cuillerées à soupe
d'huile d'olive

1- Préchauffer le four à 180 °C.
2- Couper le pain rassis en petits morceaux.
3- Couper les tomates en dés.
4- Éplucher et émincer finement l'ail.
5- Effeuiller et hacher finement le persil.
6- Dans un saladier, mélanger tous les ingrédients puis
verser dans un plat à gratin huilé. Enfourner et laisser cuire
15 minutes. Mélanger et poursuivre la cuisson pendant
10 à 15 minutes. Servir, accompagné d'une salade.

FRITTATA À L'OIGNON ROUGE

15 MIN DE PRÉPARATION – 45 MIN DE CUISSON

POUR 4 PERSONNES

500 g d'oignons rouges

6 œufs

100 g de ROQUEFORT PAPILLON®

3 cuillerées à soupe d'huile d'olive

2 branches de thym effeuillées

sel, poivre

1- Émincer finement les oignons rouges.

2- Dans une sauteuse, faire chauffer 2 cuillerées à soupe d'huile et y déposer les oignons rouges et le thym. Les faire cuire à feu doux pendant 25 minutes.

3- Pendant ce temps, battre les œufs en omelette puis y ajouter le roquefort émietté. Lorsque les oignons sont bien fondants, les mélanger avec les œufs et le roquefort. Saler et poivrer.

4- Dans une poêle, faire chauffer 1 cuillerée à soupe d'huile puis y verser la préparation aux œufs. Faire cuire à feu très doux pendant 15 minutes.

5- Poser sur la frittata une assiette de même diamètre que la poêle puis, d'un coup sec, la retourner sur l'assiette. La faire glisser dans la poêle puis la faire cuire encore 5 minutes à feu doux.

6- La frittata peut être également cuite au four : verser l'appareil aux œufs dans un moule à manqué allant au four puis faire cuire à 180 °C pendant 12 à 15 minutes.

7- Servir chaude ou froide, accompagnée d'une salade.

GRATIN DAUPHINOIS AU ROQUEFORT

20 MIN DE PRÉPARATION – 1 H 15 DE CUISSON

POUR 6 PERSONNES

1,5 kg de pommes
de terre

20 g de beurre

1 gousse d'ail

30 cl de lait

50 cl de crème liquide

1 pincée de noix
de muscade

150 g de ROQUEFORT
PAPILLON®

sel, poivre

1- Laver puis éplucher les pommes de terre et les couper
en fines rondelles.

2- Beurrer un plat à gratin d'une hauteur de 5 à 6 cm.

3- Éplucher l'ail, l'émincer et le déposer au fond du plat.

4- Préchauffer le four à 180 °C.

5- Mélanger le lait, la crème liquide et la noix de muscade.

6- Disposer une couche de pommes de terre, saler, poivrer
puis verser dessus un peu de mélange lait-crème.

7- Procéder de la même façon pour le reste des pommes
de terre. À mi-hauteur du plat, disposer sur les pommes
de terre une couche de roquefort émietté.

8- À la fin, verser le reste de lait-crème dans le plat et, si
nécessaire, compléter avec un peu de lait : il faut que les
pommes de terre soient pratiquement couvertes de liquide.
Enfourner et laisser cuire 1 heure 15. Servir comme
accompagnement ou avec une salade verte.

PATATES DOUCES FARCIES

15 MIN DE PRÉPARATION – 50 MIN DE CUISSON

POUR 4 PERSONNES

LES PATATES DOUCES

2 patates douces

80 g de ROQUEFORT
PAPILLON®

LA CHAPELURE

60 g de pain dur

1 gousse d'ail

40 g d'olives noires
dénoyautées

3 branches de thym
effeuillées

le zeste de 1 citron

½ cuillerée de poivre noir
fraîchement moulu

1- Préchauffer le four à 180 °C.

2- Déposer les patates douces sur la plaque du four garnie de papier sulfurisé. Enfourner et laisser cuire 45 minutes.

3- Pendant ce temps, préparer la chapelure : réduire le pain dur en poudre. Mixer l'ail épluché avec les olives, le thym et le zeste de citron. Ajouter la chapelure de pain et mixer. Ajouter le poivre moulu et mélanger.

4- Couper les patates douces en deux dans le sens de la longueur. Retirer la chair avec une petite cuillère en laissant 1 cm de chair tout autour. Remettre les demi-patates douces sur la plaque.

5- Dans un bol, écraser la chair des patates douces avec une fourchette puis ajouter le roquefort émietté et bien mélanger.

6- Farcir les patates douces de cette farce puis répartir la chapelure par-dessus.

7- Enfourner et laisser cuire 20 minutes jusqu'à ce que la chapelure soit dorée.

TARTE TATIN AUX ENDIVES ROUGES, ROQUEFORT & NOIX

15 MIN DE PRÉPARATION – 35 MIN DE CUISSON

POUR 6 PERSONNES

3 endives rouges

2 cuillerées à soupe
de miel liquide

20 g de beurre

50 g de cerneaux de noix

150 g de ROQUEFORT
PAPILLON®

1 rouleau de pâte
feuilletée

sel, poivre

1- Préchauffer le four à 180 °C.

2- Couper les endives en quatre dans le sens de la longueur.

3- Dans un moule à manqué, verser le miel et déposer
le beurre coupé en petits dés. Parsemer de noix.

4- Disposer les endives dans le fond du moule puis recouvrir
de roquefort émietté. Couvrir avec la pâte feuilletée en prenant
soin de rentrer les bords à l'intérieur du moule.

5- Enfourner et laisser cuire 35 minutes. Lorsque la tarte
a légèrement refroidi, la couvrir d'une assiette plus grande que
le moule et, d'un seul coup, renverser la tarte dans l'assiette.

TARTELETTES CÉLERI RAVE, POIRE & ROQUEFORT

10 MIN DE PRÉPARATION – 1 H DE REPOS – 30 MIN DE CUISSON

POUR 6 PERSONNES

LA PÂTE BRISÉE

250 g de farine

125 g de beurre

1 cuillerée à soupe
de graines de pavot
(facultatif)

1 œuf

1 pincée de sel

LA GARNITURE

100 g de céleri rave

2 poires

4 œufs

25 cl de crème liquide

150 g de ROQUEFORT
PAPILLON®

sel, poivre

1- Éplucher et râper grossièrement le céleri rave.

2- Éplucher et couper les poires en fines lamelles.

3- Dans un robot, mettre la farine avec le beurre coupé en dés et le sel. Sabler la pâte. Ajouter l'œuf, les graines de pavot et 1 cuillerée à soupe d'eau froide. Confectionner une pâte lisse.

4- Étaler la pâte sur un plan de travail fariné, sur une épaisseur de ½ cm.

5- Garnir un moule à tartelette préalablement beurré de pâte brisée. Piquer le fond avec une fourchette et réserver au réfrigérateur 1 heure minimum.

6- Préchauffer le four à 180 °C.

7- Enfourner et faire cuire la pâte sablée à blanc pendant 15 minutes.

8- Dans un saladier, casser les œufs, ajouter la crème liquide puis battre le tout en omelette. Saler et poivrer.

9- Garnir le fond de tarte de céleri râpé et de lamelles de poire. Ajouter le roquefort émietté et verser la préparation liquide. Enfourner et laisser cuire 30 à 35 minutes.

CAKE POIRE ROQUEFORT

15 MIN DE PRÉPARATION – 50 MIN DE CUISSON

POUR 1 CAKE

1 poire

2 poignées de cerneaux de noix

3 œufs

5 cl d'huile végétale

5 cl d'huile de noix

10 cl de lait demi-écrémé

180 g de farine

100 g de gruyère râpé

150 g de ROQUEFORT PAPILLON®

1 sachet de levure chimique

sel, poivre

1- Préchauffer le four à 180 °C.

2- Éplucher et couper la poire en petits morceaux. Hacher les noix.

3- Beurrer et fariner un moule à cake.

4- Dans un saladier, battre les œufs avec les huiles et le lait. Ajouter la farine, le gruyère, le roquefort émietté, les morceaux de poire et les noix. Saler et poivrer. Mélanger. Incorporer délicatement la levure.

5- Verser la pâte dans le moule. Enfourner et laisser cuire 50 minutes. Avant de démouler, laisser le cake tiédir.

LÉGUMES RÔTIS

20 MIN DE PRÉPARATION – 20 MIN DE CUISSON

POUR 4 PERSONNES

LES LÉGUMES

800 g de céleri rave

1 betterave

½ potimarron

2 racines de panais

2 têtes d'ail coupées
en deux

3 cuillerées à soupe
d'huile d'olive

3 branches de thym
effeuillées

sel, poivre

LE BEURRE DE ROQUEFORT

100 g de beurre à
température ambiante

70 g de ROQUEFORT
PAPILLON®

1 - Préchauffer le four à 200 °C.

2 - Laver soigneusement tous les légumes. Les découper en quartiers, pas trop épais, puis les disposer sur la plaque du four avec les têtes d'ail non épluchées. Arroser d'huile d'olive, parsemer de thym, saler et poivrer. Enfourner et laisser cuire 20 minutes. Surveiller les légumes : le temps de cuisson peut varier suivant l'épaisseur des tranches. Les légumes doivent être tendres.

3 - Pendant ce temps, préparer le beurre au roquefort. Dans un saladier, bien mélanger le beurre avec le roquefort émietté. Former un boudin et l'envelopper dans du papier sulfurisé. Réserver au réfrigérateur et laisser durcir.

4 - Juste avant de servir, extraire l'ail grillé de chaque gousse en le pressant entre les doigts et le répartir sur les tranches. Servir, accompagné d'une ou de deux rondelles de beurre au roquefort.

SALADE DE LENTILLES

10 MIN DE PRÉPARATION – 25 MIN DE CUISSON

POUR 4 PERSONNES

LA SALADE

200 g de lentilles

1 feuille de laurier

1 boîte de fonds
d'artichaut

50 g de mélange d'herbes
fraîches (cerfeuil,
coriandre, persil plat)

100 g de ROQUEFORT
PAPILLON®

LA SAUCE

3 cuillerées à soupe
d'huile d'olive

le jus de ½ citron vert

2 cuillerées à café de miel

4 cuillerées à café
de sauce soja

1 cuillerée à café
de gingembre frais,
râpé finement

1- Rincer les lentilles sous l'eau froide. Les mettre dans une casserole, couvrir avec 1,2 l d'eau froide et ajouter la feuille de laurier. Porter à ébullition puis faire cuire à couvert 15 à 20 minutes. À la fin de la cuisson, les égoutter et retirer la feuille de laurier. Égoutter les fonds d'artichaut puis les couper en deux dans le sens de la longueur.

2- Préparer la sauce : mélanger bien tous les ingrédients.

3- Placer les lentilles, les fonds d'artichaut et les herbes effeuillées dans un saladier, ajouter la sauce puis mélanger. Servir, accompagné de roquefort coupé en lamelles.

SALADE HARICOTS VERTS & ŒUF POCHÉ

20 MIN DE PRÉPARATION – 10 MIN DE CUISSON

POUR 4 PERSONNES

600 g d'haricots verts
extra-fins

4 gousses d'ail

2 cuillerées à soupe
de gros sel marin

10 g de beurre

2 cuillerées à soupe
de vinaigre blanc

4 œufs extra-frais

50 g de persil plat
effeuillé

100 g de mesclun

150 g de ROQUEFORT
PAPILLON®

50 g de cerneaux de noix
grossièrement concassés

2 cuillerées à soupe
d'huile de noix

sel, poivre

1- Équeuter les haricots d'un seul côté. Éplucher les gousses
d'ail et les couper en fines lamelles.

2- Dans une casserole, porter à ébullition un grand volume
d'eau avec le gros sel. Ajouter les haricots verts et faire cuire
à découvert 7 à 8 minutes : ils doivent rester *al dente*. Égoutter
les haricots puis les plonger dans de l'eau froide pour stopper
la cuisson.

3- Dans une poêle, faire fondre le beurre puis ajouter l'ail
et faire revenir 3 à 4 minutes sans le faire colorer.

4- Dans une casserole, faire bouillir un volume d'eau
et y ajouter le vinaigre blanc. Lorsque l'eau bout, plonger
délicatement les œufs. Les faire cuire 5 à 6 minutes. Passer
les œufs sous l'eau froide avant de les écaler.

5- Mélanger les haricots verts avec l'ail, le persil et le mesclun.
Saler et poivrer. Dresser sur les assiettes puis parsemer de
roquefort émietté et de noix puis ajouter les œufs et arroser le
tout d'huile de noix.

CORDONS BLEUS AU ROQUEFORT

20 MIN DE PRÉPARATION – 20 MIN DE CUISSON

POUR 4 PERSONNES

4 fines escalopes de porc
(ou de veau)

100 g de ROQUEFORT
PAPILLON®

1 gros œuf

2 cuillerées à soupe
de lait

2 cuillerées à soupe
de farine

200 g de chapelure

poivre, sel

huile et beurre
pour la friture

1- Poser les escalopes sur un plan de travail et les couvrir
de film alimentaire. À l'aide d'un rouleau à pâtisserie, les aplatir.
Saler des deux côtés.

2- Couvrir la moitié de chaque escalope de roquefort en
l'écrasant légèrement. Plier les escalopes en deux et faire tenir
à l'aide d'un cure-dents.

3- Battre l'œuf avec le lait en omelette puis verser dans
une assiette creuse.

4- Passer les escalopes d'abord dans la farine, puis dans l'œuf
en faisant attention à bien mouiller l'escalope et, à la fin, dans
la chapelure. Appuyer légèrement la chapelure pour qu'elle
adhère bien puis les réserver 10 minutes au congélateur.

5- Dans une sauteuse, faire chauffer l'huile et le beurre clarifié.
Baisser le feu puis faire cuire les escalopes à feu doux
10 minutes de chaque côté. Égoutter sur du papier absorbant.
Servir avec une bonne purée de pommes de terre et des
épinards juste tombés.

ENTRECÔTE, SAUCE AU ROQUEFORT
& POMMES DE TERRE

10 MIN DE PRÉPARATION – 15 À 20 MIN DE CUISSON

POUR 4 PERSONNES

LES ENTRECÔTES

4 entrecôtes de 150 g
chacune

30 g de beurre

1 cuillerée à soupe
d'huile

sel, poivre

LA GARNITURE

700 g de pommes
de terre nouvelles

3 gousses d'ail

3 branches de thym

300 g de petits pois

2 cuillerées à soupe
d'huile d'olive

sel, poivre

LA SAUCE

10 g de crème liquide
(30 % de matière grasse)

50 g de ROQUEFORT
PAPILLON®

1- Préchauffer le four à 180 °C.
2- Disposer les pommes de terre dans un plat allant au four.
Ajouter les gousses d'ail, le thym effeuillé. Saler puis arroser
d'huile d'olive et mélanger.
3- Enfourner et laisser cuire 30 à 40 minutes. Retourner
à mi-cuisson. Retirer les feuilles de thym.
4- Écosser les petits pois.
5- Dans une casserole, porter à ébullition 1 l d'eau salée.
Ajouter les petits pois et laisser cuire à feu doux 20 minutes.
Les égoutter et les mélanger aux pommes de terre.
6- Dans une grande poêle, faire chauffer le beurre et l'huile.
7- Y déposer les entrecôtes sans les assaisonner et les cuire
selon la cuisson souhaitée : bleu 1 à 2 minutes de chaque côté
à feu très vif ; saignant 3 minutes à feu vif de chaque côté ; à
point 5 à 6 minutes à feu moyen de chaque côté ; bien cuit
7 à 8 minutes de chaque côté à feu moyen. Lorsque
les entrecôtes sont cuites, les réserver au chaud.
8- Verser dans la poêle la crème liquide mélangée au roquefort
émietté et faire chauffer 2 minutes tout en remuant pour
obtenir une sauce onctueuse. Servir la sauce à part.

CARPACCIO DE BŒUF

10 MIN DE PRÉPARATION

POUR 4 PERSONNES

300 g de filet de bœuf
coupé en carpaccio

100 g de ROQUEFORT
PAPILLON®

100 g de feuilles de
betterave ou de pissenlit

2 cuillerées à soupe
d'huile de noix

le jus de 2 citrons

sel, poivre

1 - Disposer en rosaces les fines tranches de bœuf dans des assiettes plates. Les arroser d'huile de noix et de jus de citron. Au milieu de chaque assiette, déposer une petite poignée de feuilles de betterave puis émietter le roquefort par-dessus. Arroser le tout d'un filet d'huile de noix. Saler et poivrer.

PAPILLOTES DE CABILLAUD

15 MIN DE PRÉPARATION – 20 MIN DE CUISSON

POUR 4 PERSONNES

2 bulbes de fenouil
(ou 4 petits poireaux)

800 g de filets
de cabillaud

1 petit bouquet
de coriandre

100 g de ROQUEFORT
PAPILLON®

huile d'olive

1 citron vert

sel et poivre

1- Préchauffer le four à 200 °C.

2- Laver les fenouils et les couper en deux. Retirer la partie dure située à la base du fenouil. Les couper en quartiers.

3- Essuyer le poisson avec du papier absorbant puis saler et poivrer.

4- Couper 4 grands rectangles de papier sulfurisé. Déposer au milieu de chaque rectangle 2 quartiers de fenouil puis disposer par-dessus un filet de cabillaud, 3 tiges de coriandre et ¼ de roquefort. Arroser d'un filet d'huile d'olive. Replier les bords du rectangle et former une papillote.

5- Disposer les papillotes sur la plaque du four. Enfourner et laisser cuire 20 minutes. Servir, accompagné de ¼ de citron vert et du riz.

GALETTES DE SARRASIN, POMMES CARAMÉLISÉES, MIEL & ROQUEFORT

10 MIN DE PRÉPARATION – 1 H DE REPOS – 20 À 30 MIN DE CUISSON

POUR 12 GALETTES

LES GALETTES

200 g de farine
de sarrasin

100 g de farine blanche

2 cuillerées à soupe
d'huile végétale

2 œufs

1 cuillerée à café de sel

beurre pour la cuisson

LA GARNITURE

2 pommes

20 g de beurre

2 cuillerées à soupe
de miel

150 g de ROQUEFORT
PAPILLON®

1- Dans un grand saladier, mélanger les farines et le sel. Y ajouter les œufs et l'huile puis verser 70 cl d'eau, petit à petit, tout en fouettant énergiquement. À la fin, la pâte doit être bien lisse. Filmer et réserver 1 à 2 heures au réfrigérateur.

2- Dans une poêle, faire fondre une noisette de beurre. Verser une louche de pâte, bien la répartir et faire cuire pendant environ 2 minutes de chaque côté à feu vif. Continuer jusqu'à épuisement de la pâte.

3- Éplucher les pommes et ôter les trognons. Les couper en tranches très fines à l'aide d'une mandoline.

4- Faire chauffer le beurre dans une grande poêle et lorsqu'il est bien chaud, ajouter le miel. Y faire caraméliser les tranches de pomme pendant 1 à 2 minutes de chaque côté.

5- Préchauffer le four à 180 °C.

6- Au centre de chaque galette, déposer un peu de pomme caramélisée puis parsemer de roquefort émietté. Replier les bords de façon à former un carré. Enfourner et laisser chauffer 8 minutes jusqu'à ce que le fromage soit fondu. Servir avec une petite salade de mesclun.

CHEESE-CAKE, MOUSSE POIRES & ROQUEFORT

15 MIN DE PRÉPARATION – 1 H DE REPOS – 3 MIN DE CUISSON

POUR 4 PERSONNES

2 tranches de pain d'épice

MOUSSE DE POIRES RÔTIES

300 g de poires bien mûres

15 cl de crème liquide (30 % de MG)

½ cuillerée à café de thé vert matcha

½ cuillerée à café d'agar-agar

MOUSSE DE ROQUEFORT PAPILLON®

150 g de fromage frais

100 g de ROQUEFORT PAPILLON®

poivre

1- Éplucher les poires, ôter le cœur et les couper en morceaux. Les mixer.

2- Dans une casserole, verser la purée de poires et ajouter la crème liquide ainsi que l'agar-agar. Porter à ébullition puis baisser le feu et laisser frémir pendant 2 minutes. Il est important de respecter le temps de cuisson pour que l'agar-agar prenne bien.

3- Saupoudrer le fond de 4 ramequins de thé vert, y verser la préparation à mi-hauteur et réserver 1 heure au réfrigérateur.

4- Pendant ce temps, préparer la mousse au roquefort : mixer ensemble le fromage frais avec le roquefort et poivrer.

5- Répartir la mousse au roquefort dans les ramequins.

6- Découper dans les tranches de pain d'épice 4 disques du même diamètre que les ramequins. Poser chaque rond de pain d'épice sur les ramequins en appuyant bien.

7- Démouler les cheese-cakes en passant le fond des ramequins quelques secondes sous l'eau chaude. Servir en version salée avec un trait de vinaigre basalmique ou en version sucrée avec un filet de miel.

SALADE PASTÈQUE, ROQUEFORT & CORIANDRE

10 MIN DE PRÉPARATION

POUR 4 PERSONNES

LA SALADE

1,5 kg de pastèque

1 bouquet de coriandre

1 bouquet de cerfeuil

150 g de ROQUEFORT PAPILLON®

LA SAUCE

4 cuillerées à soupe d'huile d'olive

le jus et le zeste de 1 citron vert

sel, poivre

1- Couper la pastèque en dés.

2- Laver et sécher les deux bouquets d'herbes fraîches puis les essuyer. Effeuiller les bouquets d'herbes puis les mélanger avec la pastèque.

3- Dans un bol, mélanger l'huile d'olive avec le jus et le zeste du citron vert. Saler et poivrer. Bien mélanger.

4- Verser la vinaigrette sur la pastèque, mélanger délicatement. Parsemer de roquefort émietté. Servir aussitôt.

TARTE FIGUES, MASCARPONE, ROQUEFORT & MIEL

10 MIN DE PRÉPARATION – 20 MIN DE CUISSON

POUR 6 PERSONNES

500 g de figues

4 / 5 feuilles de pâte Filo

huile d'olive

200 g de mascarpone

100 g de ROQUEFORT PAPILLON®

2 cuillerées à soupe de miel

1- Préchauffer le four à 180 °C.

2- Couper les figues en deux.

3- Placer une feuille de pâte Filo au fond d'un moule puis la badigeonner d'huile d'olive sur toute sa surface. Placer toutes les feuilles les unes sur les autres en les badigeonnant d'huile à chaque fois.

4- Répartir sur toute la surface le mascarpone puis disposer les figues. Émietter le roquefort sur toute la surface puis arroser de miel liquide. Enfourner et laisser cuire 20 minutes.

REMERCIEMENTS DE L'AUTEUR

L'auteur remercie toute l'équipe de Marabout et Marianne pour son aide précieuse !

Avec la collaboration de ROQUEFORT PAPILLON®.
Tous droits réservés. Toute reproduction ou utilisation de l'ouvrage sous quelque forme
et par quelque moyen électronique, photocopie, enregistrement ou autre que ce soit
est strictement interdite sans l'autorisation de l'éditeur.

Shopping : Ilona Chovancova
Aide à la préparation des plats : Marianne Magnier-Moreno
et Anne-Sophie Lhomme
Suivi éditorial : Marie-Eve Lebreton
Relecture : Véronique Dussidour
Mise en pages : Gérard Lamarche

© Hachette Livre (Marabout) 2012
ISBN : 978-2-501-07608-1
41-0354-5/04
Achevé d'imprimer en mars 2012
sur les presses d'Impresia-Cayfosa en Espagne
Dépôt légal : janvier 2012